D. (Luft) T. 5212

3 m-Rettungsschlauchboot
Fl 410 203

Geräte-Handbuch

(Stand August 1943)

Ausgabe September 1943

The Naval & Military Press Ltd

Published by

The Naval & Military Press Ltd
Unit 5 Riverside, Brambleside
Bellbrook Industrial Estate
Uckfield, East Sussex
TN22 1QQ England

Tel: +44 (0)1825 749494

www.naval-military-press.com
www.nmarchive.com

In reprinting in facsimile from the original, any imperfections are inevitably reproduced and the quality may fall short of modern type and cartographic standards.

**Der Reichsminister der Luftfahrt
und Oberbefehlshaber der Luftwaffe**

Berlin, den 21. September 1943

Technisches Amt
GL/C-E 5 Nr. 51084/43 (I)
und E 5/IV Tra.

Hiermit genehmige ich die D.(Luft)T. 5212 „3 m-Rettungsschlauchboot Fl 410203. Geräte-Handbuch (Stand August 1943). Ausgabe September 1943."

Sie tritt mit dem Tage der Herausgabe in Kraft.

I. A.

Vorwald

Inhalt

	Seite
I. **Allgemeines**	5
A. Verwendungszweck	5
B. Gerätekennwerte	5
1. Abmessungen und Gewichte	5
2. Ausrüstung	5
3. Benennung der Einzelteile des RS 3 m	6
II. **Beschreibung**	9
A. 3 m-Rettungsschlauchboot mit Einzelteilen	9
B. Ausrüstung und ihre Verwendung	13
III. **Unterbringung und Ausbringen des Schlauchbootes**	18
A. Unterbringung	18
B. Ausbringen des Schlauchbootes	18
1. Bei Unterbringung in der Schlauchbootwanne	18
2. Bei behelfsmäßiger Unterbringung im Flugzeug	18
3. Für Abwurf aus Flugzeugen	19
IV. **Packen des Bootes und der Ausrüstung**	19
A. Allgemeines	19
B. Verpacken der Ausrüstung	21
C. Packen des Bootes	25
1. Verpacken des Bootes in die Lagerhülle	25
2. Packen des Bootes für Schlauchbootwanne	29
3. Packen des Bootes für Abwurf	29
V. **Prüfung und Wartung**	31
A. Allgemeines	31
B. Prüfung und Wartung des Bootes	32
C. Prüfung und Wartung der Ausrüstung	33
VI. **Füllanweisung, Wartungs- und Versandvorschrift für Kohlensäureflaschen mit Durchstoßventil**	35
A. Füllanweisung	35
B. Dichtprüfung	37
C. Wartungsvorschrift	37
D. Versandvorschrift	37
VII. **Lagerung des Bootes**	37
VIII. **Eratzteile für Ventile**	38
Anhang	39
1. Verhalten nach Ausbringen des Schlauchbootes	39
2. Maßnahmen für Abwurf des Schlauchbootes	42

Abbildungen

		Seite
Abb. 1	Maßzeichnung	7
Abb. 2	Schlauchboot aufgeblasen	9
Abb. 3	CO_2-Flasche mit Anschluß	10
Abb. 4	Kenterschutzbeutel ausgebracht	11
Abb. 5	Schwert ausgebracht, Kenterschutzbeutel hochgezogen	12
Abb. 6	Slipsteg	13
Abb. 7	Ausrüstungsteile	14
Abb. 8	Sichern der Bootsriemen	15
Abb. 9	Blasebalg	16
Abb. 10	Anschließen des Blasebalges	16
Abb. 11	Inhalt der Packtasche	17
Abb. 12	Öffnen des Durchstoßventils der CO_2-Flasche	19
Abb. 13—17	Packen der Packtasche	20
Abb. 18	Verschluß (Schiebeschnalle)	21
Abb. 19—23	Verpacken der Ausrüstung	22—24
Abb. 24	Öffnen des Füllventils für Blasebalganschluß	25
Abb. 25	Schließen des Füllventils für Blasebalganschluß	25
Abb. 26	Saugbalg	26
Abb. 27—31	Packen des Schlauchbootes für Lagerhülle	26—28
Abb. 32	Boot verpackt in Lagerhülle	29
Abb. 33—34	Boot verpackt für Schlauchbootwanne	30
Abb. 35	Abwurfgurt	30
Abb. 36	Boot verpackt im Abwurfgurt	31
Abb. 37	Leckdichtungen	32
Abb. 38	CO_2-Füllventil	34
Abb. 39	Füllventil für Blasebalganschluß	34
Abb. 40	Durchstoßventil	35
Abb. 41	Ersatzteile für Ventile	38
Abb. 42	Das Sonnensegel	40
Abb. 43	Das Luggersegel	41

I. Allgemeines

A. Verwendungszweck

Das 3 m-Rettungsschlauchboot (RS 3 m) dient zur Rettung von in Seenot geratenen Besatzungen. Es ist für 4 Personen ausgerüstet.

B. Gerätekennwerte

3 m-Rettungsschlauchboot mit Lagerhülle und vollständiger Ausrüstung	Fl 410203
Lagerhülle	Fl 415010
Kohlensäureflasche (CO_2-Flasche)	Fl 415402

1. Abmessungen und Gewichte

Rettungsschlauchboot aufgeblasen:
    Länge 3,00 m, Breite 1,50 m.

Packmaß in der Lagerhülle:
    Länge 0,80 m, Breite 0,55 m, Höhe 0,43 m.

Gewicht, verpackt in Lagerhülle, einschl. CO_2-Flasche und vollständiger Ausrüstung . . . . etwa 60,00 kg

Leergewicht LG der CO_2-Flasche (auf der Flasche angegeben) etwa 2,60 kg

Füllgewicht FG der CO_2-Flasche (auf der Flasche angegeben) etwa 1,40 kg

2. Ausrüstung

1 Handleine am Bootskörper angebunden (6 mm ⌀, 10 m lg)	—
1 Treibanker mit Leine an Bordrundleine angebunden	Fl 30029
6 Halteschlaufen an Bordrundleine angeschlungen	Fl 415013
1 Füllventil für Blasebalganschluß	Fl 30005
1 CO_2-Füllventil	Fl 30011—2
1 CO_2-Füllschlauch mit Anschlußteilen	Fl 415020

In **besonderen Taschen** im Boot untergebracht:

1 Schöpfbecher mit Leine	Fl 30062
4 Halteleinen (6 mm ⌀, 5 m lg)	—
1 Armbandkompaß	Fl 23235
1 Schlauchboot-Ausweis	—

Unter der **Schutzdecke** verstaut:

1 Inhaltsverzeichnis	—
1 Packanweisung	—
4 Bootsriemen (dreiteilig)	Fl 415008—1
1 Luggersegel mit Spieren	Fl 415011—1

1 Masttopp mit Tampen	Fl	415012—1
1 Blasebalg mit	Fl	30064
1 Füllschlauch	Fl	30065
1 Notproviantbehälter	Fl	63000
1 Notsignalbehälter	Ln	9616
2 Rauchnotzeichen rot G . . . . | auf Munitionsnachschub·	Ln	24648
4 Notsignalfackeln rot-weiß-rot . | weg anfordern	Ln	24649
4 Schutzumhänge	Fl	415620
1 Masttopp für Sonnensegel		—
1 **Packtasche** für RS 3 m	Fl	415005—3

Inhalt der Packtasche:

1 Sanitätstasche	S	10040
1 Hautreinigungsmittel		—
2 Frostschutzsalben mit Merkblatt „Verhalten bei Kälte".		—
4 Sonnenschutzbrillen in Stoff- oder Metallbehälter . . .		—
4 Sonnenschutzhüte	Fl	415615
1 Farbbeutel	Fl	30028—1
1 Flickbeutel	Fl	30032
1 Blendspiegel	Fl	415610
1 Druckschrift „Verhalten im RS-Boot"		—
5 Leckdichtungen (2 große und 3 kleine)		
1 Sonnensegel	Gerät Nr.	10—5519 A-1
1 Schutzhaube für Durchstoßventil der CO_2-Flasche		—

3. Benennung der Einzelteile des RS 3 m

Nr.		Stück	Nr.		Stück	Nr		Stück
1	Bootskörper	1	17	Leine für Treibanker	1	33	Fall, gleichzeitig	
2	Spritzschutz	1	18	Bordrundleine	1		Vorstag	1
3	CO_2-Flasche	1	19	Füllventil für		34	Wanten	2
4	CO_2-Füllventil	1		Blasebalganschluß	1	35	Achterstagen	2
5	CO_2-Füllschlauch	1	20	Schöpfbechertasche	1	36	Schot	1
6	Mundventil für		21	Halteleinentaschen	4	37	Reffbändsel	3
	Spritzschutz	1	22	Schwertleine	1	38	Schlaufen für	
7	Mastösen	2	23	Wendeleine	1		Achterstagen	2
8	Mastschuhe	2	24	Schwert	1	39	Schleppring, gleich-	
9	Sitze	2	25	Kenterschutzbeutel	4		zeitig Fallöse	1
10	Halteschlaufen für		26	Handleine 6 mm ⌀,		40	Leinen für Kenter-	
	Bootsriemen	6		10 m lg.	1		schutzbeutel	4
11	Ruderdollen	4	27	Treibanker	1	41	Bändsel für Baum-	
12	Schutzdecke für		28	Luggersegel	1		befestigung am Mast	1
	Ausrüstungsteile	1	29	Baum	1	42	Schlaufen für	
13	Doppelstrickleiter	1	30	Gaffel	1		Wanten	2
14	Griffleinen	6	31	Mast	1	43	Bootsriemen (drei-	
15	Kompaßtasche	1	32	Masttopp m. Tampen			teilig)	4
16	Steuerdollen	2		für Luggersegel	1	44	Reffkausch	1

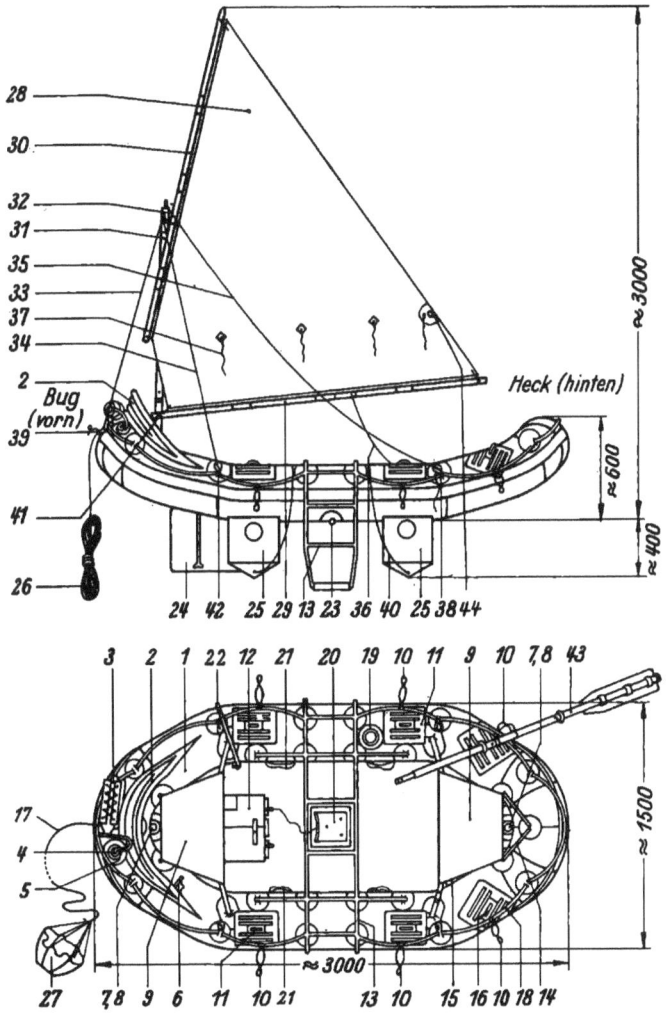

Abb. 1: Maßzeichnung

Nr.		Stück	Nr.		Stück
45	Schöpfbecher	1	78	Sonnenschutzbrillen	4
46	Armbandkompaß	1	79	Druckschrift „Verhalten im RS-Boot"	1
47	Kausch	—			
50	Schutzhaube f. Durchstoßventil	1	80	Hautreinigungsmittel	1
51	Schutzumhänge	4	81	Frostschutzsalben	2
52	CO_2-Flaschentasche	1	82	Merkblatt „Verhalten bei Kälte	1
54	Notproviantbehälter	1	83	Flickbeutel	1
56	Notsignalfackeln rot-weiß-rot	4	84	Reißleine f. Durchstoßventil	1
57	Packtasche	1	86	Gurtende	—
58	Rauchnotzeichen rot G	2	87	Verschluß-(Schiebeschnalle)	—
59	Notsignalbehälter	1	88	Schnallen für Sitz (9)	—
60	Blasebalg	1	89	Lagerhülle	1
62	Masttopp für Sonnensegel	1	90	Seitenklappen der Lagerhülle	—
63	Überwurfmutter für CO_2-Füllventil	1	91	Schiebeschnallen der Lagerhülle	—
67	Füllschlauch für Blasebalg	1	92	Kleine Seitenklappen der Lagerhülle	—
68	Anschlußstutzen für Blasebalg	1			
71	Blendspiegel	1	93	Hauptklappen der Lagerhülle	—
72	Federstift	1	94	Schlaufe am Kreuzgurt	—
73	Sonnenschutzhüte	4	95	Kreuzgurt	1
74	Sanitätstasche	1	96	Tauende am Kreuzgurt	—
75	Leckdichtungen	5	97	Kreuzgurtleine für Durchstoßventil	—
76	Farbbeutel	1			
77	Sonnensegel	1	98	Vorstecker am Kreuzgurt	—

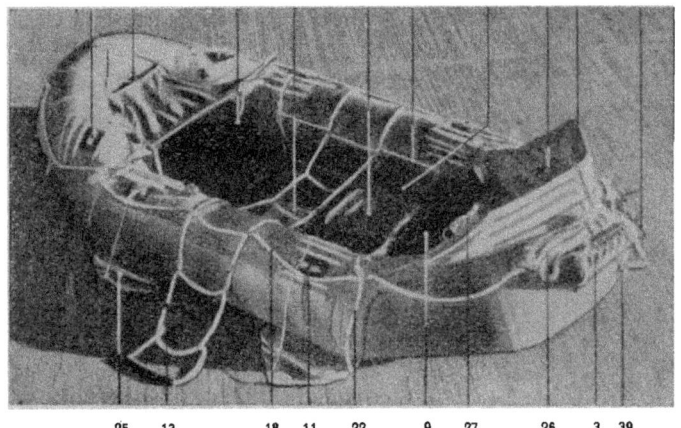

Abb. 2: Schlauchboot, aufgeblasen

2 Spritzschutz
3 CO_2-Flasche
5 CO_2-Füllschlauch
6 Mundventil für Spritzschutz
7 Mastöse
9 Sitz
11 Ruderdolle
12 Schutzdecke für Ausrüstungsteile
13 Doppelstrickleiter
14 Griffleine

15 Kompaßtasche
16 Steuerdolle
18 Bordrundleine
20 Schöpfbechertasche
21 Halteleinentasche
22 Schwertleine
25 Kenterschutzbeutel
26 Handleine
27 Treibanker
39 Schleppring (Fallöse)

II. Beschreibung

A. 3 m-Rettungsschlauchboot mit Einzelteilen (Abb. 1 bis 5)

Das 3 m-Rettungsschlauchboot (RS 3 m) besteht aus einem an den Bootsenden hochgezogenen, aufblasbaren Bootskörper (1) und der Ausrüstung. Um das Auffinden des Bootes auf See zu erleichtern, ist es (wie auch Segel und Schutzumhänge) in leuchtend gelber Farbe gehalten. Das Verhältnis Länge: Breite = 2:1 sowie die hochgezogenen Enden (Sprung) mit dem aufblasbaren Spritzschutz (2) in Verbindung mit den Kenterschutzbeuteln (25) geben dem Boot eine gute „Formstabilität" und Seefähigkeit.

Zum Auffüllen des Bootskörpers dient Kohlensäure (CO_2), die flüssig in der CO_2-Flasche (3) mitgeführt wird. Das Flaschenventil (Durchstoßventil) ist zum Schutz des Bootskörpers mit einer Schutzhaube (50, Abb. 3) versehen. Die CO_2-

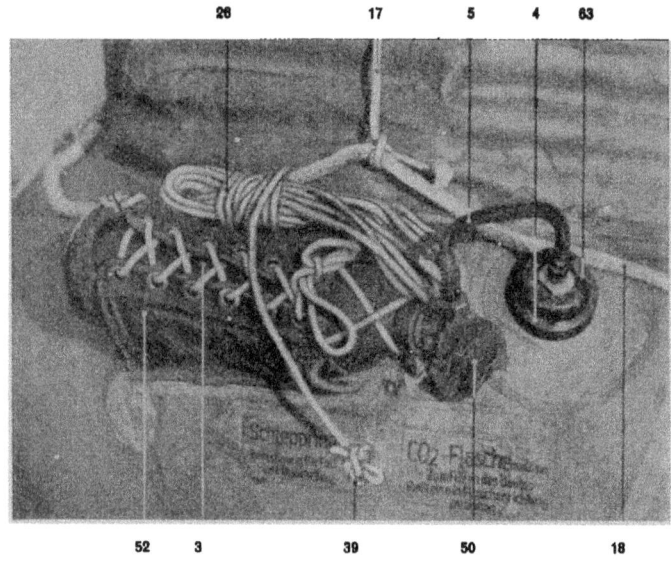

Abb. 3: CO_2-Flasche mit Anschluß

3 CO_2-Flasche
4 CO_2-Füllventil
5 CO_2-Füllschlauch
17 Leine für Treibanker
18 Bordrundleine

26 Handleine
39 Schleppring
50 Schutzhaube für Durchstoßventil
52 CO_2-Flaschentasche
63 Überwurfmutter für CO_2-Füllventil

Flasche ist am Bug des Bootes in einer waagerecht angeordneten Flaschentasche (52) mit Schnürverschluß am Bootskörper gehaltert und mit diesem durch Füllschlauch (5) und CO_2-Füllventil (4) verbunden. Der Flascheninhalt genügt, um bei normaler Lufttemperatur den Bootskörper prall zu füllen. Bei Untertemperaturen (Winter, kalte Zonen) wird das Boot weicher, bei Übertemperaturen (Hochsommer, heiße Zonen) fester aufgeblasen.

Zum Ergänzen der Füllung des Bootskörpers mit Luft wird das Füllventil für Blasebalganschluß (19) benutzt, an das der Blasebalg angeschlossen wird. Etwa vorhandener Überdruck kann durch Öffnen dieses Füllventils abgelassen werden.

Eine am Bug (Schleppring 39) des Bootes angebrachte Handleine (26) dient zum Festmachen des Bootes.

Außen am Bootskörper umlaufend ist eine Bordrundleine (18), an Ösen befestigt, angebracht. Durch eine Doppelstrickleiter (13), die quer über das Boot führt, wird das Einsteigen erleichtert.

Am Bug ist ein Treibanker (27) mit Leine (17) befestigt, um das Boot vor dem Wind bzw. in Richtung zur ankommenden See zu halten. Zur Erhöhung der Kentersicherheit bei schwerer See sind unter dem Bootskörper rechts und links je zwei Kenterschutzbeutel (25, Abb. 4) angebracht. Eine Wendeleine mit Knoten (23) an der Unterseite des Bootes erleichtert das Wenden kieloben aufgekommener oder umgeschlagener Boote.

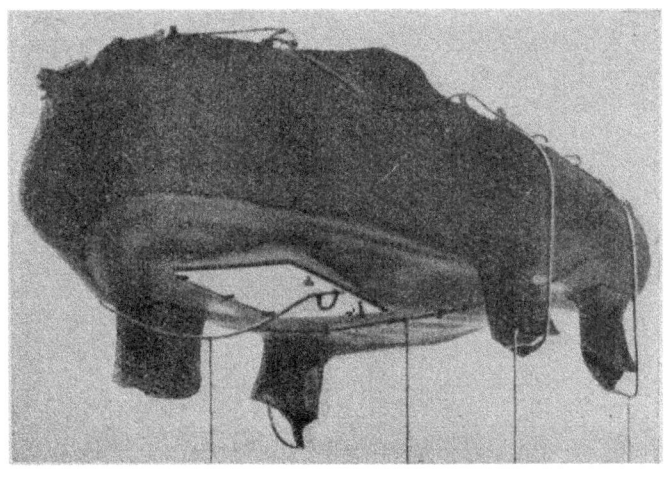

22　　　　23　　25　　　　40
Abb. 4: Kenterschutzbeutel ausgebracht
22 Schwertleine　　25 Kenterschutzbeutel
23 Wendeleine　　　40 Leine für Kenterschutzbeutel

In 4 besonderen Halteleinentaschen (21) sind je eine Halteleine untergebracht, mit denen sich die Insassen bei grober See und Kentergefahr festbinden können. Weiteren Halt bieten die im Bootsinnern angebrachten 6 Griffleinen (14).

Ein aufblasbarer Spritzschutz (2) am Bug gibt Schutz gegen überkommende See.

Ein Teil der Ausrüstung ist unter einer Schutzdecke (12) am Bootsboden verstaut. Der Armbandkompaß ist in der Kompaßtasche (15) seitlich am Heck untergebracht; weiter ist in einer besonderen Schöpfbechertasche (20) auf dem Bootsboden ein Schöpfbecher verstaut.

Am Bug und Heck des Bootes ist je ein Sitz (9) für die rudernde Mannschaft vorhanden. Zum Einstecken der Bootsriemen (43) dienen vier Ruderdollen (11) bzw. zwei Steuerdollen (16). Die Bootsriemen werden mit Hilfe der Halteschlaufen (10) gesichert.

Um das Überwinden größerer Strecken zu erleichtern, ist dem Boot eine Besegelung beigegeben. Zu deren Aufbau unter Verwendung von Bootsriementeilen als Mast (31) sind am Bug Mastschuh (8) und Mastöse (7) angebracht.

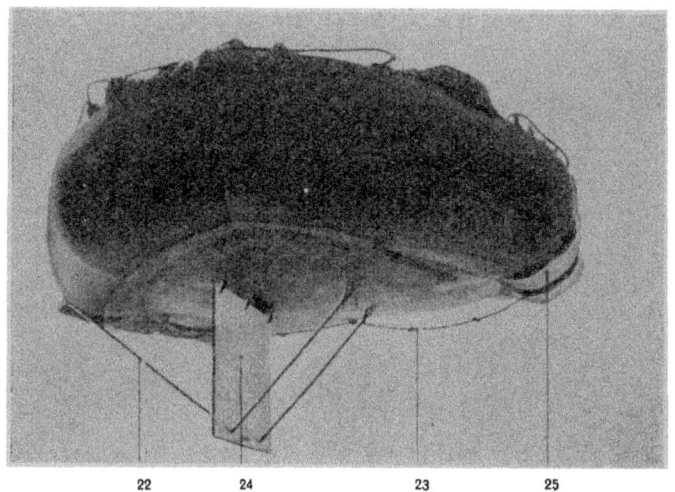

22　　　　24　　　　　　23　　　　　25

Abb. 5: Schwert ausgebracht, Kenterschutzbeutel hochgezogen

22 Schwertleine
23 Wendeleine
24 Schwert
25 Kenterschutzbeutel

Durch das Schwert (24) unter dem Bootsboden wird sowohl beim Rudern als auch beim Segeln eine bessere Kursstabilität ermöglicht. Eine am Steuerbord (rechte Bootsseite) befindliche Schwertleine (22) dient zum Lösen und Festsetzen des Schwertes.

Mit Hilfe des zweiten Masttopps (62), weiterer zusammengesteckter Bootsriementeile und dafür vorgesehenen Mastschuh (8) und Mastöse (7) am Heck des Bootes läßt sich ein Sonnensegel aufbauen (Abb. 42).

Alle betriebswichtigen Teile des Bootes sind durch besondere **Bezeichnungsschilder** gekennzeichnet, die Hinweise für ihren Zweck und Handhabung geben.

B. Ausrüstung und ihre Verwendung (Abb. 6 bis 11)

Zur Ausrüstung des 3 m-Rettungsschlauchbootes gehören:

Lagerhülle (89), wird jedem Boot beigegeben. Sie wird durch Gurte und Schiebeschnallen verschnürt und ist mit 2 Handgriffen versehen. Verwendung je nach Einsatz des Bootes.

Treibanker (27) mit Leine (17), an der Bordrundleine am Bug angebunden. Er dient dazu, das Boot vor dem Wind bzw. in Richtung zur ankommenden See zu halten.

Handleine (26), 6 mm ⌀, 10 m lg., am Bug des Bootes am Schleppring (39) mit Slipsteg befestigt. Sie dient zum Halten am notgewasserten Flugzeug oder bei der Bergung der Besatzungen, um ein Abtreiben des Bootes zu verhindern. Wird ein an der Handleine befestigtes, bereits aufgeblasenes Boot durch zu schnelles Sinken des Flugzeuges mitgerissen, so reißt durch den Auftrieb des Bootes die Sollbruchstelle am Schleppring. Der Schleppring ist mit kräftigen Schlingen am Boot befestigt, die bei sehr starkem Zug durchreißen, ohne den Bootskörper zu beschädigen.

Abb. 6: Slipsteg

6 Halteschlaufen (10), an Bordrundleine (18) angebunden. Damit werden die Bootsriemen gegen Verlieren gesichert.

Armbandkompaß in Kompaßtasche (15) an der linken Innenseite des Bootes am Heck verstaut.

4 Halteleinen, 6 mm ⌀, 5 m lg., in den Halteleinentaschen (21) verstaut. Sie dienen bei schwerer See und Kentergefahr zum Festbinden der Insassen, um ein Abtreiben vom Boot beim Kentern zu verhindern

Schöpfbecher mit Leine, in Schöpfbechertasche (20) verstaut.

Weitere Ausrüstungsteile sind unter der **Schutzdecke** (12) verstaut. Eine Packanweisung und ein Inhaltsverzeichnis befinden sich in einer auf der Schutzdecke aufgenähten Tasche. Vgl. auch Abschnitt „Verpacken der Ausrüstung" unter IV, B. Das Öffnen der Schutzdecke erfolgt durch Zug an den Gurtenden (86) in den Schiebeschnallen (87) (Abb. 18).

Unter der **Schutzdecke** sind folgende Ausrüstungsteile verstaut:

Bootsriemen.

Jedem Schlauchboot sind vier dreiteilige Bootsriemen (43) beigegeben. Zum Gebrauch sind zwei Schäfte und ein Blatt zusammenzustecken, die fertigen Bootsriemen dann in die Ruderdollen (11) bzw. Steuerdollen (16) einzuführen

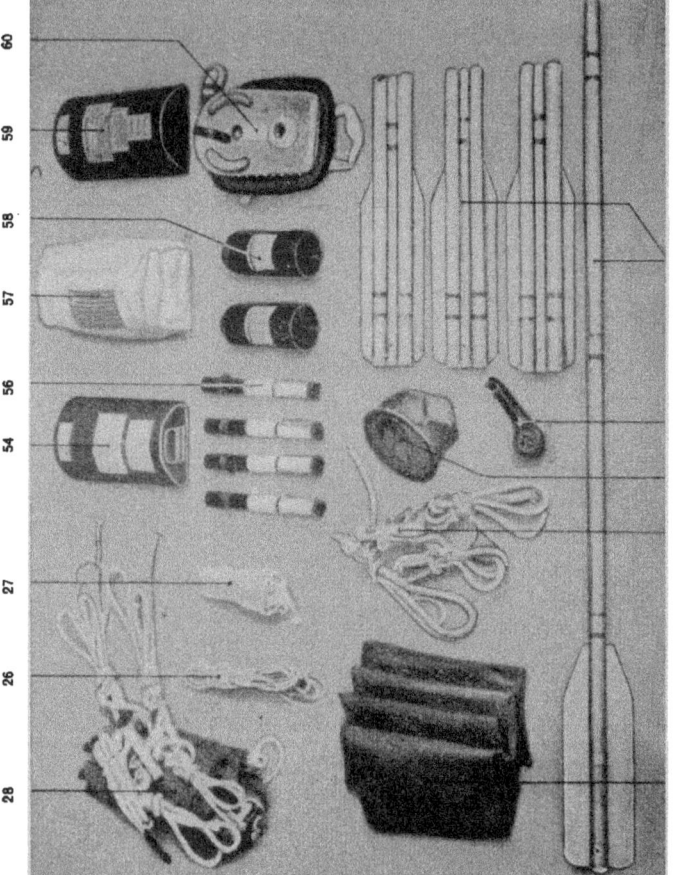

Abb. 7: Ausrüstungsteile

26 Handleine
27 Treibanker
45 Schöpfbecher
46 Armbandkompaß

Unter der Schutzdecke (12) verstaut:

28 Vollständiges Luggersegel
43 4 dreiteilige Bootsriemen
51 4 Schutzumhänge
54 Notproviantbehälter
56 4 Notsignalfackeln rot-weiß-rot
57 Packtasche mit Inhalt (vgl. Abb. 11)
58 2 Rauchnotzeichen rot G
59 Notsignalbehälter
60 Blasebalg mit Füllschlauch
62 Masttopp mit Tampen für Sonnensegel

noch „Unter Schutzdecke verstaut"

und mittels der an der Bordrundleine befestigten Halteschlaufen (10) zu sichern (Abb. 8).

Mast. Aus zwei Schäften und einem Blatt wird der Mast (31) zusammengesteckt (siehe Anhang).

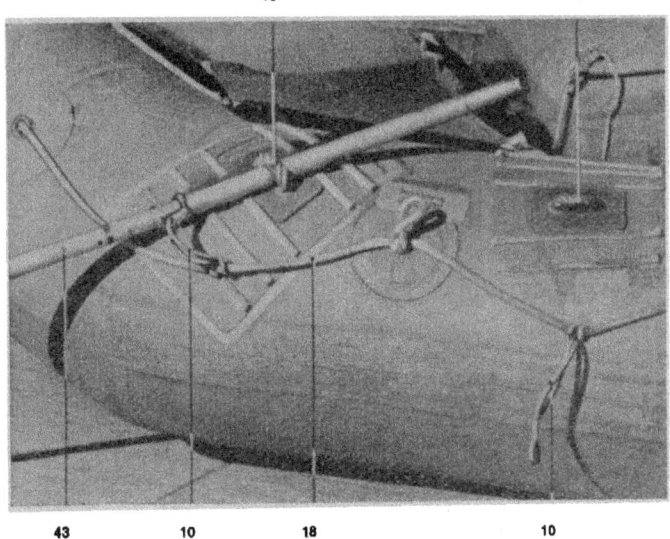

Abb. 8: Sichern der Bootsriemen
10 Halteschlaufen für Bootsriemen
11 Ruderdolle
16 Steuerdolle
18 Bordrundleine
43 Bootsriemen

Blasebalg (Abb. 9).
Um den Bootskörper praller füllen oder einen Verlust der Füllung ausgleichen zu können, ist dem Boot ein Blasebalg (60) mit Füllschlauch (67) beigegeben.
Der Blasebalg ist mit einer Leine am Bootsboden befestigt. Die Leine darf nicht gelöst werden.
Zum Gebrauch ist der Haltegurt vom Verschlußknopf zu lösen und die Überwurfkappe des Füllschlauches auf den Anschlußstutzen (68) des Blasebalges zu setzen. Den Tragegurt so über den Nacken hängen, daß der Blasebalg auf der Brust liegt.
Beim Anschließen des Blasebalges an den Bootskörper ist die Verschlußkappe vom Füllventil für den Blasebalganschluß (19) durch eine Viertel-Linksdrehung zu entfernen, an deren Stelle die noch freie Überwurfmutter des Füllschlauches aufzusetzen und durch eine Viertel-Rechtsdrehung (Bajonettverschluß) zu verriegeln (Abb. 10).

noch „Unter Schutzdecke verstaut"

Der Füllschlauch (67) ist am Tragegurt des Blasebalges angebunden. Er darf bei Gebrauch nicht gelöst werden.

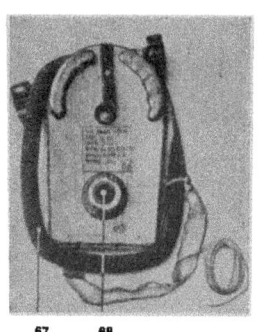 

67 68
Abb. 9: Blasebalg
67 Füllschlauch 68 Anschlußstutzen

19
Abb. 10: Anschließen des Blasebalges
19 Füllventil für Blasebalganschluß

Notproviantbehälter.
Der Inhalt des Notproviantbehälters (54) darf nur in Seenot verwendet werden. Öffnen erfolgt durch Abrollen der Blechverlötung mit Hilfe des vorgesehenen Hebels oder Abzugringes nach aufgedruckter Anweisung.

Notsignal- und Erkennungsmittel.
In den Schlaufengurten innerhalb der Schutzdecke befinden sich:

1 Notsignalbehälter (59) mit Leuchtpistole und Munition, | besonders wirksam
4 Notsignalfackeln (56) rot-weiß-rot | bei Dämmerung
  | und in der Nacht

2 Rauchnotzeichen rot G (58) | nur wirksam bei
  | Tage

Diese Signalmittel sind bei Insichtkommen eines Schiffes oder Flugzeuges abzubrennen. **Vorsicht beim Abbrennen!** Fackel weit über Bord halten, weil Verbrennungsrückstand glühend abtropft!

1 Farbbeutel und | sind als Erkennungsmittel in
1 Blendspiegel | der Packtasche untergebracht.

4 Schutzumhänge (51) gegen Regen, Wind und Kälte und zur Vermeidung der Auskühlung.

Luggersegel (28), vollständig mit Spieren (Rundhölzer), Masttopp (32) und Tampen (mit Beschriftung) für die Besegelung.

Masttopp (62) für Sonnensegel, das in der Packtasche verstaut ist (ohne Beschriftung und ohne Achterstagen).

noch „Unter Schutzdecke verstaut"
Packtasche (Abb. 7 u. 17) mit folgendem Inhalt (Abb. 11):
Sanitätstasche (74), Inhalt siehe Aufdruck.
4 Sonnenschutzhüte (73).
4 Sonnenschutzbrillen (78).
Sonnensegel (77) wird bei Windstille zum Schutz gegen starke Sonnenbestrahlung verwendet.
Farbbeutel (76). Aufgedruckte Gebrauchsanweisung beachten.
Flickbeutel (83), um nach Beschuß oder ähnlichen Beschädigungen sofort behelfsmäßige Ausbesserungen vornehmen zu können. Schußlöcher werden behelfsmäßig mit den konischen Holzstöpseln oder den
5 Leckdichtungen (75) abgedichtet, wobei darauf zu achten ist, daß sowohl die Holzstöpsel als auch die Leckdichtungen vorsichtig in das Loch im Bootskörper eingeführt werden, damit die Bootshaut nicht weiter einreißt (siehe V. B, Abb. 37).
Blendspiegel (71), dient zur Zeichengebung durch Blinken.
2 Frostschutzsalben (81).
Merkblatt „Verhalten bei Kälte" (82).
Druckschrift „Verhalten im RS-Boot" (79).
Hautreinigungsmittel (80).

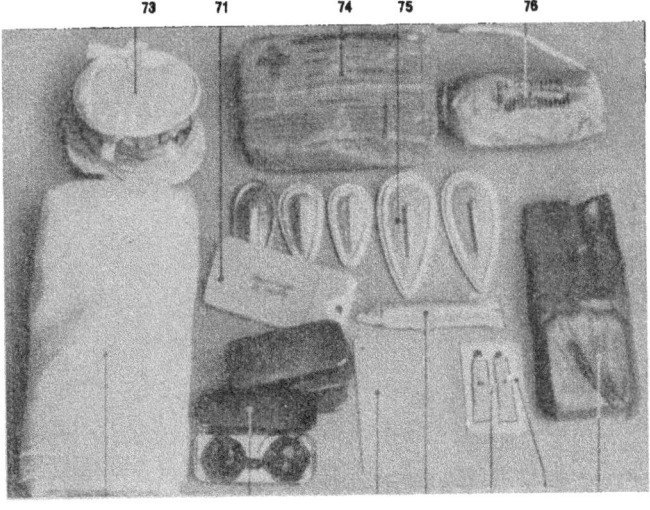

Abb. 11: Inhalt der Packtasche

71 Blendspiegel
73 4 Sonnenschutzhüte
74 Sanitätstasche
75 2 große, 3 kleine Leckdichtungen
76 Farbbeutel
77 Sonnensegel
78 4 Sonnenschutzbrillen
79 Druckschrift „Verhalten im RS-Boot"
80 Hautreinigungsmittel
81 2 Frostschutzsalben
82 Merkblatt „Verhalten bei Kälte"
83 Flickbeutel

III. Unterbringung und Ausbringen des Schlauchbootes

A. Unterbringung

Grundsätzlich ist zu unterscheiden:

1. Unterbringung des Rettungsschlauchbootes in der Schlauchbootwanne des Flugzeuges. Genaue Beschreibung über Unterbringung und Auslösung im jeweiligen Flugzeughandbuch.
2. Behelfsmäßige Unterbringung im Flugzeug und Klarmachen auf Flugzeugrumpf oder -fläche.
   Hierbei ist das Rettungsschlauchboot in der Lagerhülle (Abb. 32) an geeigneter Stelle im Flugzeug durch Zurrgurte gehaltert. Vor der Notwasserung ist, wenn genügend Zeit vorhanden, das Boot an geeigneter Stelle festgezurrt bereitzulegen (oberer MG.-Stand, Tür).
3. Unterbringung im Flugzeug für Abwurf.
   Für den Abwurf aus Flugzeugen (bei denen die Mitnahme des Schlauchbootes möglich ist), die zur Rettung von in Seenot geratenen Besatzungen eingesetzt werden, ist das gepackte Boot (Abb. 36) an Stelle der Lagerhülle mit einem Abwurfgurt versehen, der mit einem Tampen (Tauende) an geeigneter Stelle am abwerfenden Flugzeug festgebunden wird.

B. Ausbringen des Schlauchbootes

1. Bei Unterbringung in der Schlauchbootwanne

Hierbei erfolgt das Ausbringen des Schlauchbootes unmittelbar nach der Notwasserung durch Betätigung der Auslösevorrichtung. Dadurch wird der Wannendeckel entriegelt und gleichzeitig das Durchstoßventil der CO_2-Flasche des Bootes betätigt (Abb. 40); die Kohlensäure strömt in den Bootskörper ein.

Der Bootskörper wird aufgeblasen, hebt dadurch den Wannendeckel ab, das Boot schiebt sich aus der Wanne heraus. Zum Halten des Bootes dient ein Halteseil (am Flugzeug befestigt), an dem die Handleine (26) des Bootes befestigt wird, so daß ein Abtreiben des Bootes verhindert wird. Das Boot kann mittels der Leinen an das Flugzeug herangeholt und bestiegen werden, nachdem die Kenterschutzbeutel (25) ausgebracht und gefüllt sind. Darauf Handleine lösen und das Boot vom Flugzeug abstoßen.

2. Bei behelfsmäßiger Unterbringung im Flugzeug

Nach der Notwasserung wird das Boot in der Lagerhülle auf den Flugzeugrumpf gebracht und die Lagerhülle geöffnet. Durch kräftigen Zug an der Reißleine (84), die beim Verpacken leicht zugänglich neben die CO_2-Flasche gelegt werden muß, wird das Durchstoßventil der CO_2-Flasche geöffnet. **Zugrichtung beachten!** (Abb. 12). Der Bootskörper wird aufgeblasen. Während des Klarmachens ist das Boot mit der Handleine (durch Slipsteg) an geeigneter Stelle am Flugzeug festzubinden, da es sonst abtreibt.

Es ist unter allen Umständen zu vermeiden, die Reißleine noch **innerhalb des Flugzeuges** zu ziehen und dadurch den Bootskörper innerhalb des Flugzeuges aufzublasen, da das Boot dann nicht mehr herauszubringen ist und mit dem Flugzeug in die Tiefe geht!

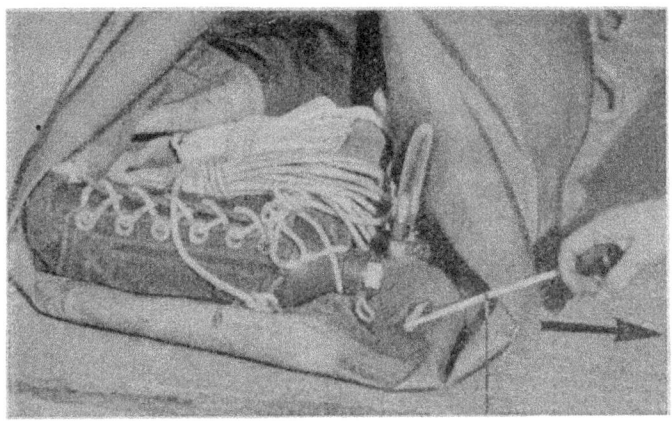

84

Abb. 12: Öffnen des Durchstoßventiles der CO_2-Flasche
84 Reißleine

3. Für Abwurf aus Flugzeugen

Vor dem Abwurf ist das verpackte Boot (Abb. 36) so zu legen, daß der durch den Abwurf auf das Tauende ausgeübte Zug in Richtung auf der Vorstecker (98) und auf die Leine (97) zum Auslösehebel des Durchstoßventils fällt. Hierdurch wird nacheinander erst der Vorstecker gelöst, dann das Durchstoßventil betätigt, so daß sich der Bootskörper im Fallen, frei vom Abwurfgurt, mit Kohlensäure füllt.

Nach dem Abwurf ist der Abwurfgurt wieder in das Flugzeug einzuholen.

IV. Packen des Bootes und der Ausrüstung
A. Allgemeines

Das Packen des Bootes richtet sich danach, ob es
a. in der **Schlauchbootwanne** des Flugzeuges verstaut werden soll (ohne Lagerhülle),
b. in der **Lagerhülle** im Flugzeuginnern untergebracht werden soll oder
c. für **Abwurf im Abwurfgurt** eingesetzt werden soll.

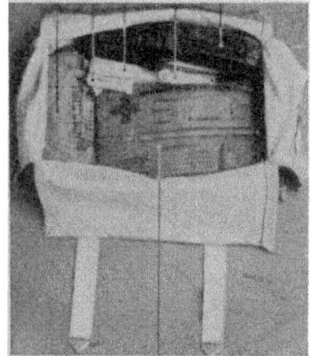

Abb. 13

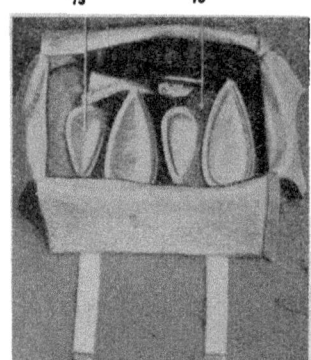

Abb. 14

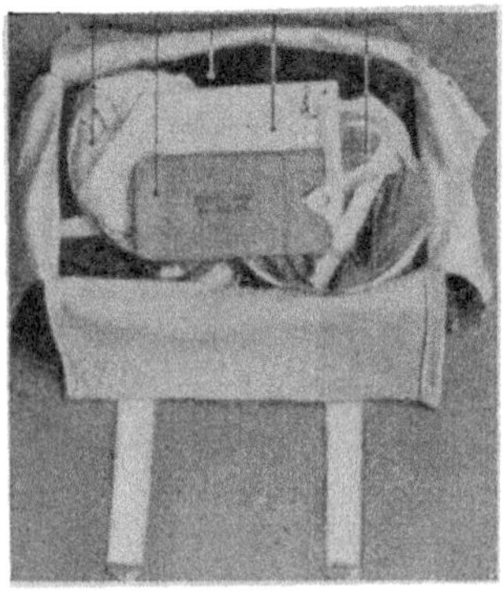

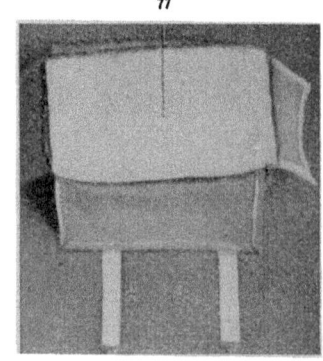

Abb. 15

Abb. 16

Abb. 13—17: Packen der Packtasche

71 Blendspiegel
73 Sonnenschutzhüte
74 Sanitätstasche
75. Leckdichtungen
76 Farbbeutel
77 Sonnensegel
78 Sonnenschutzbrillen
79 Druckschrift „Verhalten im RS-Boot" (Verhalten in Seenot)
80 Hautreinigungsmittel
81 Frostschutzsalbe
82 Merkblatt „Verhalten bei Kälte"
83 Flickbeutel

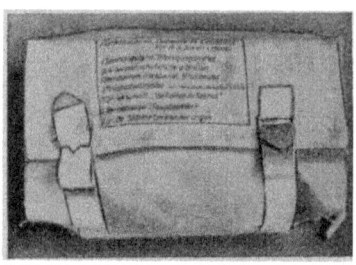

Abb. 17

Das Verpacken der **Ausrüstung** ist unabhängig von der Unterbringung und dem Einsatz des Schlauchbootes und in allen Fällen gleich.

Vor dem Verpacken prüfen, ob die Ausrüstung vollzählig und einsatzbereit ist.

B. Verpacken der Ausrüstung

Das Verpacken der Ausrüstung kann sowohl bei aufgeblasenem als auch bei entleertem Bootskörper erfolgen.

Schöpfbecher (45), Armbandkompaß (46) und Halteleinen werden in den vorgesehenen Taschen verstaut, wobei der Schlauchboot-Ausweis in der Kompaßtasche (15) untergebracht wird.

Packtasche.

Das Packen der Packtasche ist nach Abb. 13 bis 17 vorzunehmen. Den Inhalt der Packtasche zeigt Abb. 11. Beim Verschließen der Packtasche ist darauf zu achten, daß die Schiebeschnallen vorschriftsmäßig nach Abb. 18 verschlossen sind.

Die Gurtenden sind so durch den Verschluß (Schiebeschnallen) (87) zurückzuführen, daß der Verschluß durch Zug an den Gurtenden leicht und schnell geöffnet werden kann (Abb. 18).

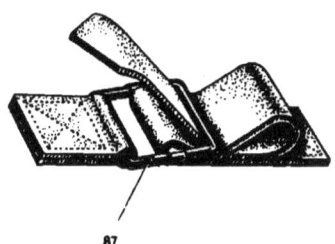

87

Abb. 18: Verschluß (Schiebeschnalle)

87 Schiebeschnalle

Schutzdecke.

Das Verpacken der Ausrüstungsteile unter der Schutzdecke ist nach Abb. 19 bis 23 vorzunehmen. Die unter der Schutzdecke zu verstauenden Ausrüstungsteile zeigt Abb. 7. Packanweisung und Inhaltsverzeichnis sind in besonderen Taschen auf der Außenseite der Schutzdecke angebracht. Die Ausrüstungsteile werden so in den Taschen und Gurten mit Schlaufen in der Schutzdecke gehaltert oder besonders festgebunden, daß sie nicht verlorengehen können.

Abb. 19. Der Treibanker (27) und die Handleine (26) werden lose neben die CO_2-Flasche gelegt. Die Leine des Treibankers ist an der Bordrundleine, die Handleine mittels Slipsteg am Schleppring (39) festgebunden. Notproviantbehälter (54) und Notsignalbehälter (59) sind in die am Boden aufgesetzten

Schutztaschen einzuschieben und mit Knebelschlaufen zu sichern. Packtasche (57) durch Knebel an den am Boden aufgenähten Schlaufen befestigen. Masttopp mit Tampen (62) für Sonnensegel (die Enden sind nicht beschriftet) auf den Notsignalbehälter (59) legen. Vier Notsignalfackeln rot-weiß-rot (56) in die an der Innenseite des Schlaufengurtes vorgesehenen Schlaufen einschieben. Schlaufengurt mit Schiebeschnallen vorschriftsmäßig verschließen (vgl. Abb. 18). Bootsriemen (43) in den an der Innenseite der Schutzdecke befestigten Taschen verstauen.

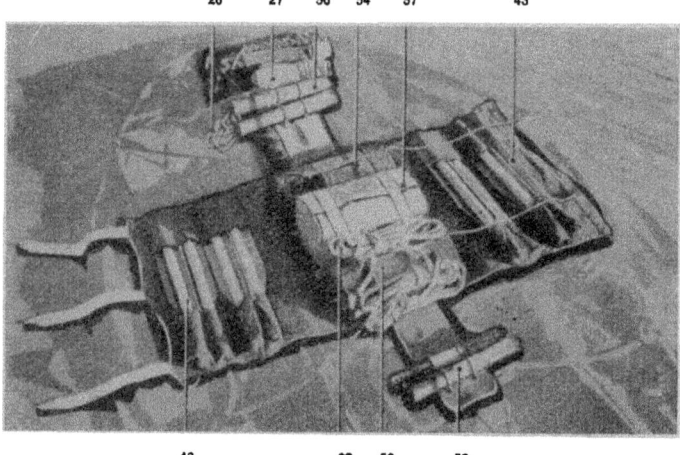

Abb. 19

26 Handleine
27 Treibanker
43 Bootsriemen
54 Notproviantbehälter
56 Notsignalfackeln
57 Packtasche
59 Notsignalbehälter
62 Masttopp für Sonnensegel

Abb. 20. Zwei Rauchnotzeichen rot G (58) in die am Schlaufengurt außen vorgesehenen Schlaufen einschieben. Der mit einer Leine am Bootsboden befestigte Blasebalg (60) mit Füllschlauch ist lose so vor die Rauchnotzeichen (58) zu legen, daß er herausgezogen werden kann, ohne die äußeren Schnallen der Schutzdecke öffnen zu müssen.

Abb. 21. Das Luggersegel (28) mit Spieren, Masttopp und Tampen (die Enden sind beschriftet) kommen seitlich neben dem Blasebalg und den Rauchnotzeichen zu liegen. Hierbei ist zu beachten, daß das Fall (33) durch den Masttopp geschoren (eingesteckt) ist, die Spieren (Rundhölzer) des Segels ziehharmonikaartig aneinandergelegt sind und das Segel lose daraufgelegt wird, wobei der Masttopp und die Tampen, um Raum zu sparen, möglichst freie Räume (Lücken) ausfüllen sollen. Das Segel ist mit den vorgesehenen Bändseln an der Schutzdecke zu befestigen.

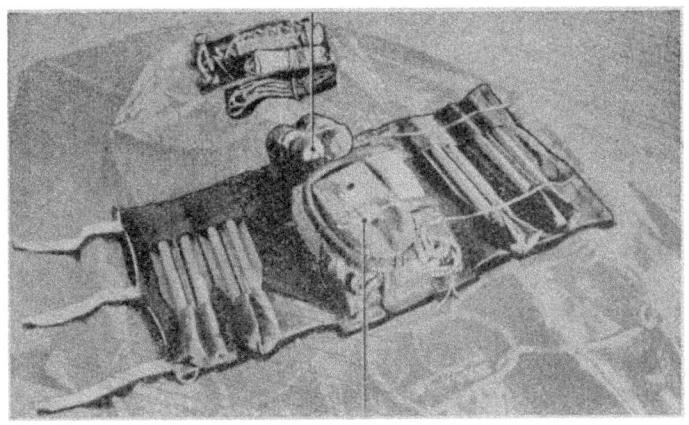

Abb. 20

58 Rauchnotzeichen rot G   60 Blasebalg

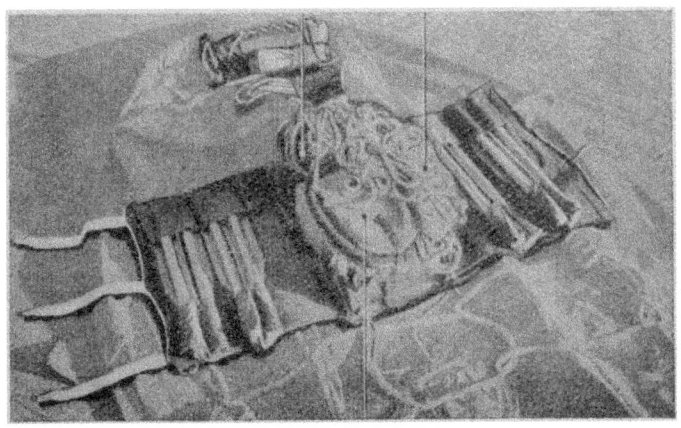

Abb. 21

28 Luggersegel   58 Rauchnotzeichen rot G   60 Blasebalg

Abb. 22
51 Schutzumhänge

Abb. 23
86 Gurtende

Abb. 22. Auf das so entstandene Paket werden die Schutzumhänge (51) gelegt.

Abb. 23. Die Schutzdecke wird nun verschlossen; dabei sind die Gurtenden (86) so durch die Schiebeschnallen zurückzuführen, daß der Verschluß mit einem Zug leicht und schnell geöffnet werden kann (Abb. 18).

C. Packen des Bootes

Nach jedem Einsatz des Schlauchbootes muß die CO_2-Flasche ausgewechselt werden (siehe V. B).

1. Verpacken des Bootes in die Lagerhülle

Vor dem Zusammenlegen ist das Boot zu reinigen und der Bootskörper nach Öffnen des Füllventils für Blasebalganschluß (19) mit Saugbalg (Abb. 26; Bodengerät) **restlos** leerzusaugen. Ein Aufrollen des Bootes von beiden Enden her (ohne verpackte Ausrüstung) genügt nicht, weil geringste Luftmengen im Bootskörper in großen Höhen das Boot aufblähen und zu Unfällen führen können.

Das Öffnen des Füllventils (19) geschieht durch das Abnehmen der Verschlußkappe und Niederdrücken des Federstiftes (72), der durch eine Viertel-Linksdrehung festgestellt werden kann (Abb. 24). Saugbalg anschließen wie Blasebalg (vgl. Abb. 9 und 10).

Nachdem der Bootskörper **völlig** entleert ist, ist das Füllventil in umgekehrter Folge wieder zu schließen (Abb. 25).

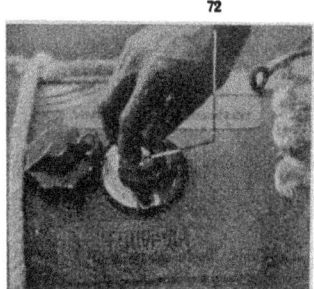

Abb. 24: Öffnen des Füllventils für Blasebalganschluß
72 Federstift

Abb. 25: Schließen des Füllventils für Blasebalganschluß

Abb. 26: Saugbalg

Vor dem Zusammenlegen des Bootes ist darauf zu achten, daß
1. die **Kenterschutzbeutel** (25) nicht hochgezogen sind. Die Leinen (40) der Kenterschutzbeutel müssen mit ihren äußersten Enden an den Griffleinen (14) angebunden sein,
2. die **Schwertleine** (22) mit Ihrem Ende an der hierfür bestimmten Ösenscheibe (an der Innenseite des Bootskörpers) festgebunden ist (gleitet sonst weg),

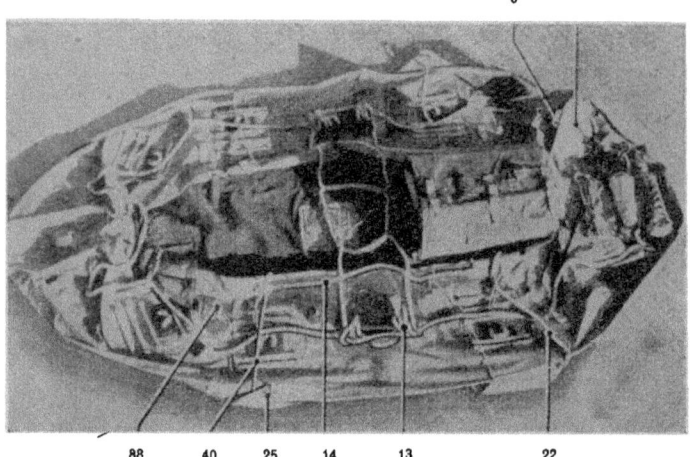

88　　　40　　25　　14　　13　　　　22

Abb. 27

2 Spritzschutz
6 Mundventil
13 Doppelstrickleiter
14 Griffleine

22 Schwertleine
25 Kenterschutzbeutel
40 Leinen für Kenterschutzbeutel
88 Schnallen für den Sitz

3. das **Schwert** (24) eingezogen und gesichert ist. Hierzu wird die Schlaufe unter dem Boden durch die am Schwert vorgesehene Bohrung gesteckt und mittels Vorstecker verriegelt, der Vorstecker wird mit rotem Sicherungsfaden gegen selbsttätiges Herausgleiten gesichert (siehe Abb. 4 und 5).

Der Spritzschutz (2) ist durch das Mundventil (6) leerzusaugen, die Schnallen (88) für den Sitz sind zu lösen. Der Bootskörper ist glattzuziehen, scharfe Faltenbildung ist beim Zusammenlegen zu vermeiden. Die Enden der Doppelstrickleiter (13) sind einzurollen.

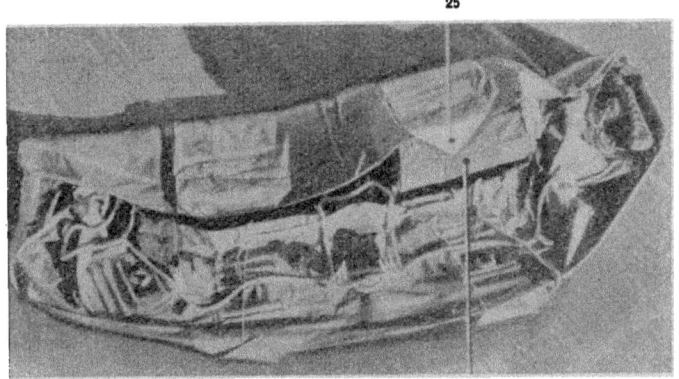

Abb. 28

12 Schutzdecke   25 Kenterschutzbeutel

Abb. 29

27

Das hintere Ende des Bootskörpers (Heckende) ist leicht einzuschlagen. Eine Längsseite des Bootskörpers mit den Kenterschutzbeuteln (25) so umlegen, daß sie nach innen über die Schutzdecke (12) zu liegen kommt (Abb. 28), wobei scharfe Faltenbildung zu vermeiden ist.

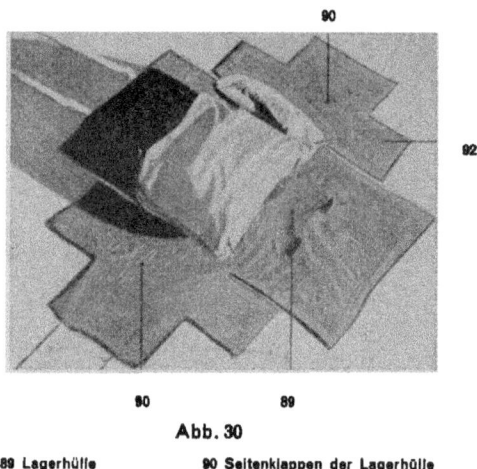

Abb. 30

89 Lagerhülle
90 Seitenklappen der Lagerhülle
92 Kleine Seitenklappe

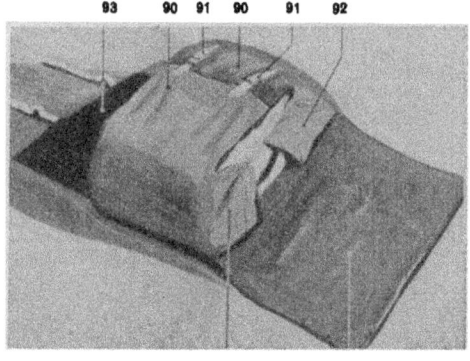

Abb. 31

90 Seitenklappen
91 Schiebeschnallen
92 Kleine Seitenklappen
93 Hauptklappen der Lagerhülle

Gegenüberliegende Seite in gleicher Weise einschlagen und über die Schutzdecke legen, wobei darauf zu achten ist, daß Treibanker und Handleine leicht greifbar hinter der CO_2-Flasche liegen (Abb. 29).

Das freie Ende des Bootes (Heckende) zweimal nach innen umschlagen, so daß es auf die Schutzdecke (12) zu liegen kommt; das Bugende dagegen legen.

Dann das Boot auf die Lagerhülle (89) legen (Abb. 30).

Die Seitenklappen (90) der Lagerhülle übereinanderschlagen, deren Schiebeschnallen (91) verschließen und kleine Seitenklappen (92) anlegen. Hauptklappen (93) übereinanderschlagen und Gurte fest anziehen (Abb. 31 und 32). Auch hierbei wie bei der Schutzdecke beachten, daß die Gurtenden als Schlaufen durch die Schiebeschnallen gezogen werden (Abb. 18), wodurch das Lösen mit einem Zug möglich ist. Abmessungen des verpackten Bootes siehe I, B 1.

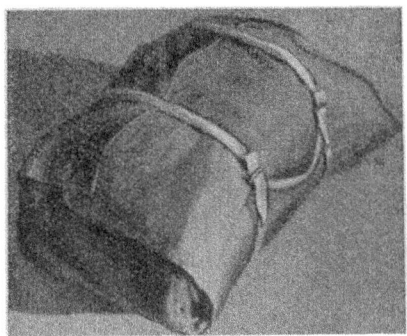

Abb. 32: Boot verpackt in Lagerhülle

2. Packen des Bootes für Schlauchbootwanne

Das Packen des Bootes (ohne Lagerhülle) für die Unterbringung in der Schlauchbootwanne des Flugzeuges richtet sich nach dem Flugzeugmuster und ist im Flugzeughandbuch Teil 9 A des entsprechenden Flugzeugmusters beschrieben.

Nach dem Umlegen der Längsseiten des Bootskörpers (Abb. 33 bis 34) wird das freie Bootsende unter das Schwert gelegt, damit das Herauskommen der unter der Schutzdecke verstauten schweren Ausrüstung aus der Wanne gewährleistet ist.

3. Packen des Bootes für Abwurf

Der Abwurfgurt (Abb. 35) besteht aus dem Kreuzgurt (95) und dem Tauende (96) zur Befestigung im Flugzeug, an dem die Leine (97) zum Auslösehebel des Durchstoßventils der CO_2-Flasche und der Vorstecker (98) befestigt ist.

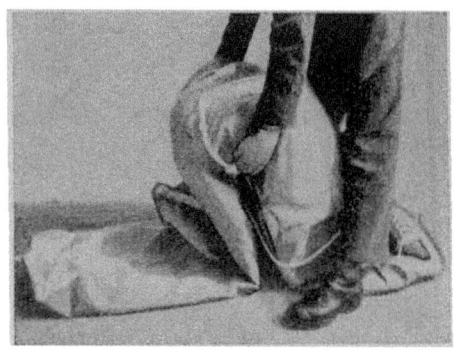

Abb. 33

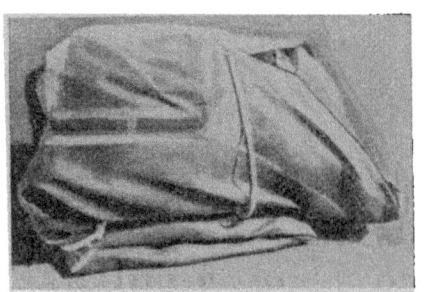

Abb. 34: Boot verpackt für Schlauchbootwanne

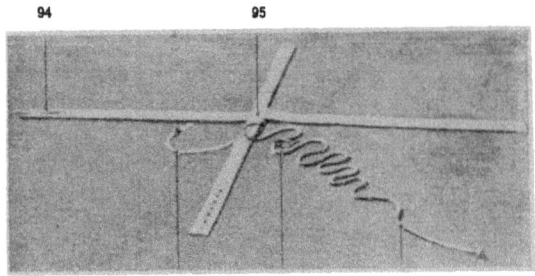

Abb. 35: Abwurfgurt

94 Schlaufe am Kreuzgurt 96 Tauende 98 Vorstecker
95 Kreuzgurt 97 Kreuzgurtleine für Durchstoßventil

Das Boot wird ähnlich gepackt wie unter IV, C 1 (Verpacken des Bootes in die Lagerhülle), nur mit der Abweichung, daß das Heckende nicht **gegen** das auf der Schutzdecke liegende Bugende geschlagen wird, sondern daß das Heckende das Bugende überdeckt (Abb. 36).

Die Leine (97) ist mit dem Auslösehebel des Durchstoßventils der CO_2-Flasche zu verbinden.

Das gepackte Boot auf den Kreuzgurt legen. Kreuzgurt (95) schließen (Abb. 36).

Dabei die Schlaufe (94, Abb. 35) durch die Ösen des Kreuzgurtes (95) stecken, dann Vorstecker (98) in Schlaufe (94) einschieben. Das Tauende (96) in Schlägen unter den Kreuzgurt schieben (Abb. 36).

Abb. 36: Boot verpackt im Abwurfgurt
95 Kreuzgurt   96 Tauende   97 Leine für Durchstoßventil   98 Vorstecker

V. Prüfung und Wartung

A. Allgemeines

Das Schlauchboot ist beim Transport und bei der Unterbringung im Flugzeug sorgfältig zu behandeln. Nicht umherwerfen, nicht hart aufstoßen, weil dabei durch die Kanten einiger Ausrüstungsteile im Bootsinnern die Außenhaut des Bootskörpers beschädigt werden kann und damit das Boot unbrauchbar wird.

Zur Wartung und Instandsetzung ist der „Wartungskasten für Schlauchboote" zu benutzen.

In regelmäßigen Zeitabständen (mindestens alle 4 Wochen, bei Dauereinsätzen jedoch häufiger) sowie nach Benutzung des Bootes ist die gesamte Ausrüstung auf Vollzähligkeit und Einsatzbereitschaft zu prüfen und in dem in der Kompaßtasche befindlichen „Schlauchboot-Ausweis" zu bescheinigen.

B. Prüfung und Wartung des Bootes

Zum Prüfen wird das Boot aus der Lagerhülle bzw. der Wanne des Flugzeuges herausgeholt, die CO_2-Flasche abgenommen und der Bootskörper mit dem **Blasebalg** aufgeblasen.

Nie Kohlensäure zum Aufblasen benutzen; die CO_2-Flasche müßte dann neu gefüllt werden. Luft dagegen ist überall vorhanden!

Läßt der Druck nach einer Stunde nach, dann ist die Undichtheit zu suchen (Seifenwasser und Pinsel). Festgestellte Undichtheiten sind in bekannter Weise wie Fahrradschlauch zu flicken. Der Flickbeutel enthält noch Flicken aus Bootsstoff in verschiedenen Größen. Vor Aufsetzen eines Flickens ist die zu beklebende Stelle gründlich mit der Rauhbürste aufzurauhen und **dreimal** mit Gummilösung zu bestreichen, wobei vor Auftragen eines neuen Anstriches der vorhergehende völlig getrocknet sein muß. Berühren der bestrichenen Stelle ist unbedingt zu vermeiden. Der Flicken ist ebenso wie die Flickstelle zu behandeln und bis zum einwandfreien Haften anzudrücken.

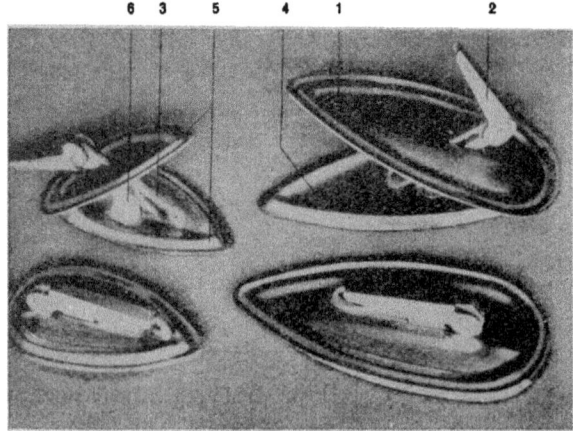

Abb. 37: Leckdichtungen

Leckdichtungen (Abb. 37)

1. Passende Leckdichtung wählen.

2. Die geöffnete Leckdichtung an Oberschale (1) und Verschlußhebel (2), bei ganz zurückgezogenem Schlitzkeil (3), fassen. Die Unterschale (4) mit der Spitze **vorsichtig** durch das Leckloch in den Bootskörper einschieben, ohne das Loch übermäßig zu erweitern bzw. weiter einzureißen.

3. Unterschale (4) anheben, bis sie sich von innen an die Bootskörperhaut anlegt. Oberschale (1) von außen auf die Bootskörperhaut legen, so daß sich die Wulste (5) der Unter- und Oberschale überdecken (die Haut des Bootskörpers liegt zwischen Unter- und Oberschale).

4. Lagerbock (6) anfassen und Schlitzkeil (3) fest einschieben, bis Unter- und Oberschale die Bootshaut zusammendrücken.

5. Verschlußhebel (2) umlegen. Dadurch werden Unter- und Oberschale fest zusammengepreßt und die Leckdichtung gegen Aufspringen gesichert.

Bei größeren Beschädigungen (große Löcher, Scheuerstellen u. a.) muß das Boot auf dem Nachschubdienstwege zur Instandsetzung eingeschickt werden.

Bootskörper von innen und außen mit Talkum einstäuben, um ein Verkleben zu vermeiden.

CO_2-Flasche: Zum Auswechseln der CO_2-Flasche ist die Überwurfmutter zwischen der Flasche und dem CO_2-Füllschlauch und der Schnürverschluß zu lösen.

Das Anschließen der neuen Flasche erfolgt in umgekehrter Reihenfolge. Es ist darauf zu achten, daß der CO_2-Füllschlauch nicht knickt und die Überwurfmutter des CO_2-Füllventils stets durch Plombendraht und Plombe gesichert ist. Für den Einsatz des Bootes in der Lagerhülle ist der Auslösehebel des Durchstoßventils durch verzinkten Plombendraht von 4 bis 6 kg Zugfestigkeit und Plombe zu sichern (entfällt bei Einbau des Schlauchbootes in der Schlauchbootwanne).

Die Sicherung (rote Farbtupfen) an den Abblaselöchern des Sicherheitsventils (2, Abb. 40) am Durchstoßventil muß unbeschädigt sein.

Die Schutzhaube für das Durchstoßventil (50, Abb. 3) muß vorhanden und gebrauchsfähig sein.

Achtung: Füllen der CO_2-Flasche siehe Abschnitt VI.

Zustand prüfen von:

Schwert und Kenterschutzbeuteln,
Schutzdecke mit Verschlüssen,
Halteschlaufen für Bootsriemen.

C. Prüfung und Wartung der Ausrüstung

Prüfen der **Ausrüstung,** ob vollzählig und einsatzbereit.

Prüfen, ob Geltungsdauer von **Notproviant-, Notsignalbehälter** und **Sanitätstasche** abgelaufen ist, rechtzeitig neue anfordern und alte zur Nachprüfung einsenden.

Farbbeutel-Inhalt kann hart werden und ergibt dann eine zu langsame Wasserfärbung. Erhärtete Farbbeutel durch Kneten wieder gebrauchsfähig machen.

Prüfen, ob **Flickbeutel** noch gebrauchsfähig und einsatzbereit.

Luggersegel: Auf Gangbarkeit der Schiebehülsen an den Spieren achten. Die Schiebehülsen müssen leicht gefettet sein, damit sie nicht rosten. Darauf achten, daß die eingefetteten Teile nicht mit Gummistoff in Berührung kommen, da Fett diesen zerstört.

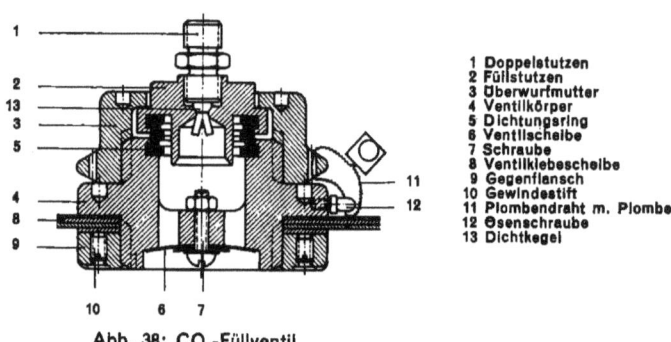

1 Doppelstutzen
2 Füllstutzen
3 Überwurfmutter
4 Ventilkörper
5 Dichtungsring
6 Ventilscheibe
7 Schraube
8 Ventilklebescheibe
9 Gegenflansch
10 Gewindestift
11 Plombendraht m. Plombe
12 Ösenschraube
13 Dichtkegel

Abb. 38: CO_2-Füllventil

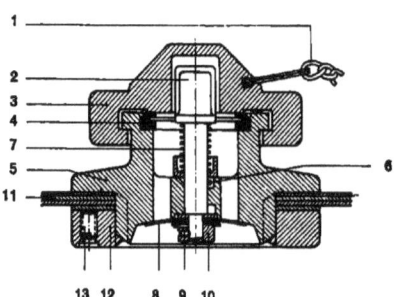

1 Haltekette
2 Federbolzen
3 Verschlußkappe
4 Dichtungsring
5 Ventilkörper
6 Zylinderstift
7 Druckfeder
8 Ventilscheibe
9 Gewindestift
10 Stellring
11 Ventilklebescheibe
12 Gegenflansch
13 Gewindestift

Abb. 39: Füllventil für **Blasebalganschluß**

VI. Füllanweisung, Wartungs- und Versandvorschrift für Kohlensäureflaschen mit Durchstoßventil (Abb. 40)

Fl 30023-1: CO_2-Flasche mit 0,83 ltr Inhalt, FG = 0,60 kg Kohlensäure (für 2,20 m-Schlauchboote Fl 29720, lt. TAGL IH 5 Nr. 21/42, lfd. Nr. 854/42 nicht mehr im Einsatz).
Fl 30024: CO_2-Flasche mit 1,34 ltr Inhalt, FG = 1 kg Kohlensäure.
Fl 30030: CO_2-Flasche mit 1,80 ltr Inhalt, FG = 1,30 kg Kohlensäure (für 3 m-Schlauchboote Fl 29721)..
Fl 30027: CO_2-Flasche mit 2 ltr Inhalt, FG = 1,50 kg Kohlensäure.
Fl 415402: CO_2-Flasche mit 2 ltr Inhalt, FG = 1,40 kg Kohlensäure (für 3 m-Schlauchboote Fl 410203).
Fl 415401: CO_2-Flasche mit 4,02 ltr Inhalt, FG = 2,70 kg Kohlensäure (für 4 m-Schlauchboote Fl 410202).

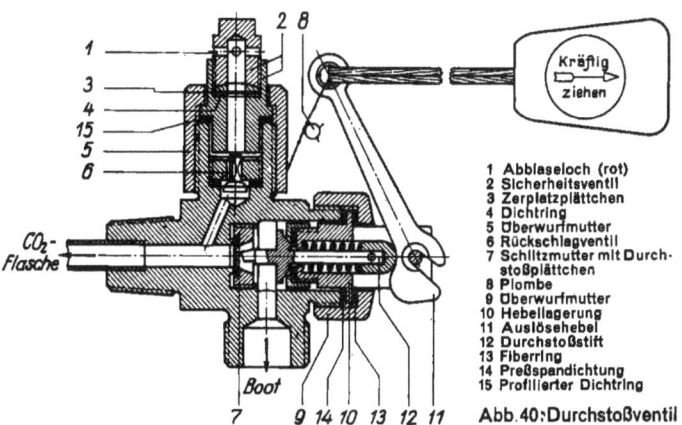

1 Abblaseloch (rot)
2 Sicherheitsventil
3 Zerplatzplättchen
4 Dichtring
5 Überwurfmutter
6 Rückschlagventil
7 Schlitzmutter mit Durchstoßplättchen
8 Plombe
9 Überwurfmutter
10 Hebellagerung
11 Auslösehebel
12 Durchstoßstift
13 Fiberring
14 Preßspandichtung
15 Profilierter Dichtring

Abb. 40: Durchstoßventil

Durch Zug am Auslösehebel (11) wird der Durchstoßstift (12) durch das Durchstoßplättchen in der Schlitzmutter (7) gedrückt und damit der Kohlensäure der Weg von der CO_2-Flasche in den Bootskörper freigegeben.

A. Füllanweisung

1. Allgemeines

Das Nachfüllen oder Neufüllen von Kohlensäureflaschen erfolgt durch Kohlensäureumfüllpumpen. Diese sind bei der Horstfeuerwehr oder im Flughafenbereich vorhanden.

Die Füllung der Kohlensäureflasche wird durch Wiegen geprüft. Das Gewicht der Flasche und der Füllung ist am Flaschenhals eingeschlagen. Hier bedeutet:

LG = Leergewicht der Flasche mit Durchstoßventil **ohne** Ventiloberteil (das Ventiloberteil besteht aus den Teilen 9, 10, 11 und wiegt 125 g).
FG = Füllgewicht der Kohlensäure.
Leergewicht + Füllgewicht = Gesamtgewicht ohne Ventiloberteil.
Bei jedem Wiegen ist demnach die zur Füllung abzuschraubende Überwurfmutter (5) mit dem Sicherheitsventil (2) mitzuwiegen.
Eine Federwaage ist zum Wiegen der Kohlensäureflaschen zu ungenau. Das Wiegen der Flaschen hat daher mittels einer Mikrowaage oder Balkenwaage zu erfolgen.

Vor dem Füllen der Flasche sind folgende Punkte zu beachten:
1. Ventiloberteil abschrauben durch Lösen der Überwurfmutter (9).
2. Durch Wiegen ist festzustellen, ob die Flasche entleert ist.
3. Die Schlitzmutter (7) im Inneren des Ventils mittels Schraubenzieher (15 mm breit und 1,5 mm stark) herausdrehen.
4. Neue Schlitzmutter (7) mit Sicherungsscheibe fest einschrauben.
5. Überwurfmutter (5) mit Sicherheitsventil (2) vom Füllstutzen abschrauben.

2. Das Füllen

1. Der Anschlußstutzen der Kohlensäureumfüllpumpe ist mittels Übergangsstück ($^1/_2$" R auf 21,8 mm Kohlensäuregewinde) an die CO_2-Flasche anzuschließen und die Füllanlage gemäß Bedienanweisung zu betätigen.

Nach Beendigung des Überströmens ist die Kohlensäure mit der Handumfüllpumpe in die Flasche zu drücken, bis der rechte Druckmesser der Umfüllpumpe 90 bis 100 atü anzeigt.

Darauf ist der Anschluß gemäß Bedienanweisung zu entlasten, die Flasche ist abzuschrauben und mit Sicherheitsventil (2) und Überwurfmutter (5) zu wiegen.

a) Ist das Füllgewicht **nicht** erreicht, so ist durch Antippen des Rückschlagventils (6) Kohlensäure abzulassen. Dadurch wird die Flasche unterkühlt und kann nachgefüllt werden.
b) Ist die Flasche **überfüllt**, so ist durch Antippen des Rückschlagventils (6) Kohlensäure abzulassen.

Für das Füllgewicht ist eine Toleranz von +50 bis −30 g zulässig.
Merke: Die **Flasche** soll vor dem Füllen kühl sein. Wiegen mit **angeschlossenem** Füllschlauch wird **ungenau.** Niemals über 100 atü kommen. Das Antippen des Rückschlagventils hat durch den „Dorn mit Holzgriff" zu erfolgen. Beim Ablassen der Kohlensäure aus der CO_2-Flasche wird die Flasche unterkühlt (Eisbildung). Daher ist die CO_2-Flasche **einzuspannen** oder mit Lappen festzuhalten. Nie mit bloßen Händen anfassen, die Haut bleibt kleben.
Nie auf den Mann abblasen lassen!

2. Falls die CO_2-Flasche über das Rückschlagventil (6) abbläst, ist dieses kurz anzutippen.

Die Überwurfmutter (5) mit dem Sicherheitsventil (2) wieder fest anschrauben, Dichtring (4) nicht vergessen.

3. Ist die Schlitzmutter (7) undicht, so ist diese nachzuziehen.

B. Dichtprüfung

1. Die gefüllte CO_2-Flasche ist durch Eintauchen in Wasser von 18—20° C auf Dichtheit zu prüfen. Steigen nach etwa 10 Minuten noch Bläschen hoch, dann ist das Ventil undicht. Durch weiteres Nachziehen der Schlitzmutter (7) bzw. Überwurfmutter (5) ist die Dichtheit herzustellen. Hiernach Dichtprüfung wiederholen.

2. Läßt sich eine Undichtheit nicht beheben, so ist die Flasche auf dem vorgeschriebenen Nachschubdienstweg zur Instandsetzung einzusenden. Gleichzeitig ist eine gefüllte Ersatzflasche anzufordern.

3. Über die Hebellagerung (10) wird die Überwurfmutter (9) gestreift und der Auslösehebel (11) mit Nocken nach unten eingesetzt. **Erst dann wird das gesamte Ventiloberteil (9, 10, 11) auf das Ventil aufgeschraubt.**

4. Ist die **Flasche** dicht, dann **ist für die Verpackung des Schlauchbootes in der Lagerhülle** die Hebellagerung (10) und der Auslösehebel (11) durch verzinkten Plombendraht von 4 bis 6 kg Festigkeit und Plombe **zu sichern.**

C. Wartungsvorschrift

1. Die CO_2-Flaschen sind alle 4 Wochen durch Wiegen auf Dichtheit zu prüfen:
Beim Wiegen ist zu verfahren wie unter A 1.
Beim Füllen ist zu verfahren wie unter A 2.

2. Hat die Flasche ein Untergewicht von 30 g und mehr, so ist sie nachzufüllen.

3. Das Sicherheitsventil (2) hat 4 Abblaselöcher, die rot gekennzeichnet sind. Sind die roten Farbtupfen zerstört, so hat die Flasche durch zu hohen Druck abgeblasen und ist gegebenenfalls nachzufüllen. In diesem Fall ist ein neues Sicherheitsventil einzusetzen.

D. Versandvorschrift

1. Beim Versand der CO_2-Flasche sowie der Boote mit CO_2-Flasche muß das vollständige Ventiloberteil der Sendung getrennt beigelegt werden.

2. Die Gewindeanschlüsse der Ventile sind gegen Verschmutzen zu schützen.

VII. Lagerung des Bootes

Nicht eingesetzte Schlauchboote sind aus der Lagerhülle herauszunehmen, mit Luft aufzublasen und in schattigen, trockenen und kühlen Räumen zu lagern.

Lagernde Boote müssen stets mit Talkum eingerieben sein. Auch Füllschläuche innen mit Talkum einpudern.

Bei Anforderungen von auf Lager befindlichen Schlauchbooter ist jedes Boot auf Vollzähligkeit des Zubehörs und volle Einsatzbereitschaft zu überprüfen und die Prüfung im „Schlauchboot-Ausweis" zu bescheinigen.

VIII. Ersatzteile für Ventile

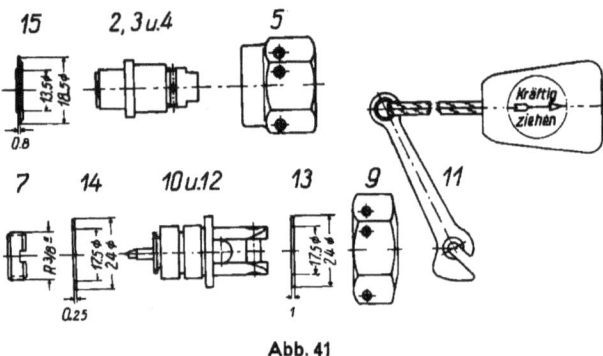

Abb. 41

A. Für Durchstoßventil Fl 30031

Abb. 40 und 41

		Teil
Ventiloberteil vollständig	Fl 30031—1	9, 10, 11, 12
(wird mit jeder CO_2-Flasche geliefert)		
Hebel mit Abzuggriff	Fl 30031—6	11
Überwurfmutter für Oberteil	Fl 30031—4	9
Fiberring 24×17,5×1	Fl 30031—5	13
Hebellagerung mit Durchstoßstift	Fl 30031—2	10 (u. 12)
Preßspandichtung 24×17,5×0,25	Fl 30031—3	14
Schlitzschraube mit Durchstoßplättchen	Fl 30031—7	7
Überwurfmutter für Sicherheitsventil	Fl 30031—10	5
Sicherheitsventil mit Zerplatzplättchen	Fl 30031—9	2 (3 u. 4)
Profilierter Kupferring 18,5×13,5	Fl 30031—11	15

B. Für CO_2-Füllventil und Füllventil für Blasebalganschluß

Abb. 38 Abb. 39

Dichtring 30×24×7,5	Ger.-Nr. 10 F 132—4	Teil 5	4

Anhang
1. Verhalten nach Ausbringen des Schlauchbootes

Genaue Anweisungen über „Verhalten in Seenotfällen" siehe D.(Luft) 1203.

Beim Verlassen des Flugzeuges ist, soweit vorhanden, der Notsender NS 2 und das Notsenderzubehör mit in das Boot zu nehmen.

Alle greifbaren und brauchbaren Nahrungs-, Signal- und Navigationsmittel (insbesondere Wasserbeutel, Feldflaschen, Signalpatronen und Navigationskarte) sind, soweit möglich, mit in das Boot zu nehmen, da diese bei längerem Aufenthalt im Boot von größter Bedeutung sein können.

Beim Einsteigen ist **oberster Grundsatz:**

Ruhe und Besonnenheit bewahren! Unter allen Umständen versuchen, trocken in das Boot zu gelangen, was besonders bei niedriger Wasser- und Lufttemperatur zu beachten ist! Entfernen vom Flugzeug nicht überstürzen, denn der durch das Sinken des Flugzeuges entstehende Strudel kann im allgemeinen das Boot nicht mitreißen. Sinkt das Flugzeug schnell, so ist auf rechtzeitiges Lösen der Handleine bzw. des Halteseiles zu achten. Wird jedoch das aufgeblasene Boot durch zu schnelles Sinken des Flugzeuges mitgerissen, so reißt durch den Auftrieb des Bootes die Sollbruchstelle am Schleppring und das Boot wird frei.

Ist das Boot infolge Reißen des Halteseiles oder aus sonstigen Gründen abgetrieben, so soll, solange das Flugzeug noch schwimmt, zunächst der kräftigste und beste Schwimmer versuchen, das Boot schwimmend zu erreichen, damit nach Möglichkeit die übrigen Besatzungsmitglieder nicht unnötig durchnäßt werden.

Das Wenden eines umgeschlagenen Bootes erleichtert eine an der Unterseite des Bootsbodens angebrachte mit Knoten versehene Wendeleine. Wendeleine möglichst hoch (in der Mitte des Bootes) anfassen, Knie bzw. Unterkörper gegen Schlauchboot stemmen und beim Ziehen an der Wendeleine Körpergewicht weit nach hinten überlegen; erleichtert wird das Aufrichten, wenn ein Mann an der gegenüberliegenden Seite das Boot gleichzeitig kräftig anhebt.

Es ist darauf zu achten, daß die seitlich am Boot angebrachten 4 Kenterschutzbeutel, zwei an jeder Seite, mit Wasser gefüllt sind. Die Leinen zum Hochziehen der Kenterschutzbeutel müssen lose sein.

Das Einsteigen in das Boot erfolgt über die Doppelstrickleiter.

Achtung! Falls das Boot infolge Beschädigung nicht benutzbar ist, zuerst versuchen, mit dem zur Verfügung stehenden Flickmaterial und den Leckdichtungen den Schaden vor dem Einsteigen (d. h. unter Umständen noch im Wasser schwimmend) zu beheben.

Es ist zu beachten, daß in kaltem Wasser lebhafte körperliche Bewegung nicht wärmt. Anstrengendes Schwimmen führt auch zur Erschöpfung, und diese beschleunigt das Erfrieren.

Kleidungsstücke, auch Handschuhe und Stiefel, verzögern selbst in kaltem Wasser den Wärmeverlust und sollen daher nicht ausgezogen werden; ihr Gewicht wird auch in nassem Zustand von der Schwimmweste getragen.

Kleidungsstücke, die zum leichteren Einsteigen ausgezogen worden sind, in das Boot mitnehmen. Auch Kleidungsstücke, wie Handschuhe, können im Schlauchboot wertvoll sein.

Sonnensegel. Zum Schutze gegen starke Sonnenbestrahlung kann bei Windstille mit Hilfe der Teile eines zweiten Bootsriemens und des zweiten Masttopps (als zweiten Mast) ein Sonnensegel aufgespannt werden (Abb. 42).

Abb. 42: Das Sonnensegel

Segeln. Bei günstiger Windrichtung und nicht zu schwerer See kann das Boot mit dem beigegebenen Luggersegel günstigenfalls bis zu „halbem Wind" gesegelt werden. Bis zu welcher Windstärke und zu welchem Seegang gesegelt werden kann, hängt von dem Ausbildungsstand der Besatzung ab.

Zur **Segeleinrichtung** gehören:
1. **Mast,**
2. **Luggersegel** mit Spieren, Masttopp und Tampen (1 Fall, 2 Wanten und 2 Achterstagen).
3. **Schwert** mit Schwertleine,

Mast. Der Mast für das Luggersegel wird so aus den drei Teilen eines Bootsriemens zusammengesteckt, daß sich das Blatt als zweites Teil von unten befindet. Zum Halten des Mastes dient ein Masttopp mit Tampen (32), der auf den Mast gesteckt und durch Wanten und Stagen (Haltetaue) abgestagt (gehalten) wird. An dem Masttopp sind folgende Tampen befestigt: 2 Wanten (34), 2 Achterstagen (35) und das Fall (33), das gleichzeitig als Vorstag dient.

Segel. Bei dem Segel handelt es sich um ein sogenanntes Luggersegel mit 2 Spieren. Jede Spiere wird aus mehreren Rundhölzern zusammengesteckt. Die Enden der Rundhölzer sind wechselseitig mit festen und losen Hülsen versehen. Durch Drehen (Bajonettverschluß) werden die losen Hülsen gesichert, während die Länge des Segels die zusammengesteckten Rundhölzer zusammenhält Ein ausgerecktes Segel kann durch Nachspannen an der Kausch (47) gestreckt werden.

An den Spieren ist das Segel mit Bändseln befestigt, um es ausgespannt zu halten. Gleichzeitig wird hierdurch erreicht, daß die Rundhölzer in verpacktem Zustand beim Zusammensetzen nicht verlorengehen.

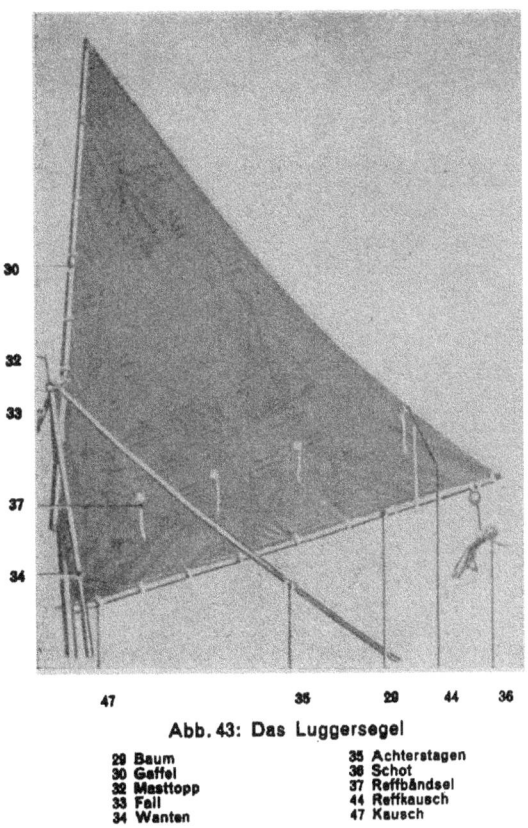

Abb. 43: Das Luggersegel

29 Baum
30 Gaffel
32 Masttopp
33 Fall
34 Wanten
35 Achterstagen
36 Schot
37 Reffbändsel
44 Reffkausch
47 Kausch

Die obere Spiere dient als Gaffel (30), die untere als Baum (29). Im unteren Drittel des Segels befinden sich Reffbändsel (37) und eine Reffkausch (44) zum Reffen (Verkleinern des Segels) bei starkem Wind. Die Schot (36) ist am Baum befestigt und das Fall läuft durch den Masttopp. Am vorderen Ende des Baumes befindet sich zum Durchsetzen des Segels und Befestigen des Baumes am Mast ein Bändsel (41, Abb. 1).

Setzen des Segels und **Segelanweisung** siehe D.(Luft) 1203.

2. Maßnahmen für Abwurf des Schlauchbootes

Die Geschwindigkeit des Flugzeuges beim Abwurf soll möglichst unter 200 km/Std, die Abwurfhöhe etwa 50 m betragen. Vor bzw. beim Abwurf muß die Verständigung zwischen Flugzeugführer und Abwerfenden (durch EiV) gewährleistet sein. Zum Feststellen der Windrichtung und zum Erkennen der in Seenot Geratenen beim Anflug kann unmittelbar in der Nähe aus etwa 50 m Höhe **vor dem Winde fliegend**, ein Rauchnotzeichen rot G oder Abwurfrauchzeichen rot abgeworfen werden (kurz vor dem Abwurf entzünden).

Der Abwurf des **Rauchnotzeichens** muß aus niedriger Höhe und vor dem Winde-fliegend deshalb erfolgen, weil die Rauchentwicklung bereits nach dem Abwerfen im Fallen einsetzt und bis zum Erlöschen auf dem Wasser nur von kurzer Dauer (etwa 2 Minuten) ist.

Alsdann erneuter Anflug gegen den Wind für den Schlauchbootabwurf unter Beachtung des Rauchstreifens; das Schlauchboot muß so zu Wasser kommen, daß es mit dem Winde auf die in Seenot Befindlichen zutreibt.

www.ingramcontent.com/pod-product-compliance
Lightning Source LLC
Chambersburg PA
CBHW040258170426
43192CB00020B/2851